AF266880

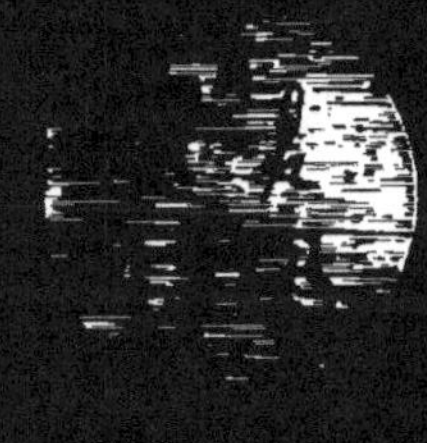

1870-1871

L'INVASION PRUSSIENNE

A

BOISVILLE-LA-SAINT-PÈRE

COMPTE-RENDU

DÉDIÉ AUX HABITANTS DE LA COMMUNE.

CHARTRES

IMPRIMERIE ÉDOUARD GARNIER

Rue du Grand-Cerf, 11

1872

L'INVASION PRUSSIENNE

A

BOISVILLE-LA-SAINT-PÈRE.

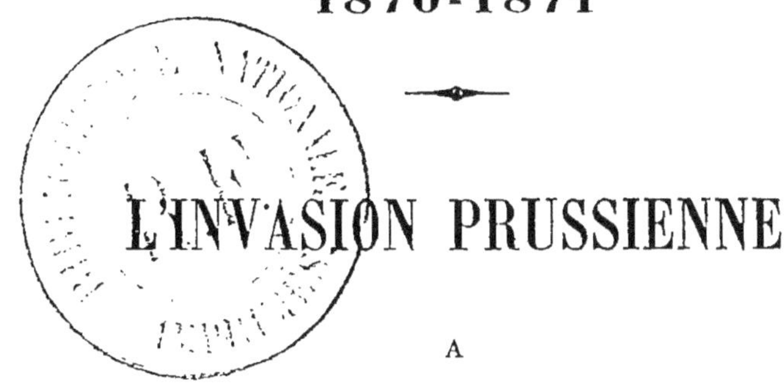

L'INVASION PRUSSIENNE

A

BOISVILLE-LA-SAINT-PÈRE

COMPTE-RENDU

DÉDIÉ AUX HABITANTS DE LA COMMUNE.

CHARTRES

IMPRIMERIE ÉDOUARD GARNIER

Rue du Grand-Cerf, 11

1872

L'INVASION !

Ce mot à lui seul suffit pour rappeler à la mémoire de nos habitants les souffrances qu'ils ont endurées et les exactions dont ils ont été victimes pendant le séjour des Allemands dans cette commune. Mais, pour les personnes qui n'ont pas été témoins de ces tristes événements, comme pour la génération qui s'élève, il est bon qu'il leur soit mis sous les yeux le récit fidèle des faits qui se sont accomplis. C'est dans ce but que ce petit opuscule a été composé. Il comprend par ordre de date tout ce qui est de nature à intéresser le lecteur. Le tableau de la situation n'est assombri par aucun fait étranger à la localité. Rien non plus n'est exagéré : nos terribles hôtes n'ont pas ménagé leurs victimes.

Puissent ces quelques pages nous faire souvenir de nos malheurs et nous engager à travailler pour la régénération de notre pays, en remplissant avec exactitude nos devoirs de citoyen et d'honnête homme.

A. Leprince.

I.

FAITS PRÉLIMINAIRES.

La guerre franco-allemande, déclarée au mois de juillet 1870, a été si fatale à la France, qu'environ quarante de nos départements ont eu à supporter les rigueurs terribles de l'invasion. Eure-et-Loir tout entier a subi le joug de l'étranger, et notre paisible commune a eu sa part des malheurs qui sont venus fondre sur le pays.

Bien avant que l'ennemi souille le sol de ce petit village, c'est-à-dire au mois d'août, la levée des réserves, celles des mobiles et des célibataires, l'appel de la classe 1870 viennent attrister les pères et mères de famille que nos premiers échecs sur la frontière inquiétaient déjà. — Des avis réitérés de l'administration préfectorale stimulent les gens pour préparer la défense de leurs foyers. La garde nationale s'organise sous le commandement de M. Chifflet-Rivierre. — 45 fusils et des munitions sont envoyés à la mairie; on monte la garde chaque nuit, et un guet est établi au haut de la tour. Des courriers et des éclaireurs sont envoyés dans tous les sens.

Cependant l'ennemi fait des progrès dans sa marche en avant. D'échecs en échecs nous arrivons au désastre de Sedan qui saigne la France au cœur. La tristesse, le découragement, la démoralisation gagnent tout le monde, militaires et civils. Tous s'attendent à de tragiques événements. Le fait suivant, signe certain de nos défaites, vient chez nous ébranler les plus fermes.

Le 17 septembre, un détachement de 500 cavaliers français, débris de régiments écrasés dans les combats sur nos frontières du nord-est, traverse le village. Malgré la réception enthousiaste qui leur est faite, ces malheureux vaincus ont un air triste et inquiet; ils passent silencieux, prêts à sacrifier de nouveau leur vie pour le salut de la patrie écrasée sous les revers. Ils ne peuvent donner aucune nouvelle rassurante, eux-mêmes ne connaissent pas l'étendue de nos malheurs.

Le 26 du même mois. Sur des rumeurs sinistres qui circulent d'un village à l'autre, le conseil municipal et les notables de la commune, craignant que l'ennemi ne vienne nous surprendre à l'improviste, s'assemblent à la mairie, et délibèrent sur les mesures à prendre pour sauvegarder les intérêts des habitants. 16 personnes sont présentes, et tombent d'accord sur les points suivants :

1° Désarmement de la garde nationale;

2° Solidarité en cas de réquisition par l'ennemi;

3° Conservation et maintien des archives à la mairie.

Cependant la terreur se répand; des étrangers qui émigrent devant l'ennemi, sillonnent journellement les rues du village et contribuent à augmenter la frayeur; bon nombre de nos habitants font leurs paquets, garnissent leurs malles, prennent des passeports et quittent leurs demeures, se faisant suivre la plupart de leurs bestiaux. Tout le monde dévalise son ménage et cache son butin.

L'administration municipale tient bon ; M. le Maire et M. l'Adjoint restent à leur poste et sont là pour répondre aux difficultés de la situation. Grâce au zèle de ce dernier, le désordre et la confusion ont été atténués bien des fois dans la commune pendant le séjour de la soldatesque ennemie, si rapace et si dure à l'endroit des vaincus.

II.

ESSAI DE DÉFENSE.

M. le Préfet, dans sa sollicitude pour le département qu'il administre, et convaincu encore comme beaucoup qu'une résistance à l'ennemi était possible, ne cessait dans ses bulletins adressés aux communes d'exciter les gens à la défense. Il conseillait d'attaquer les éclaireurs ennemis, les pourvoyeurs, les détachements isolés, afin de retarder le flot envahisseur. Mais que faire ? Le peuple comme l'armée, surpris par une guerre si prompte, par des coups si décisifs, atterre par des malheurs auxquels on ne s'attendait pas, le peuple, dis-je, n'était pas prêt non plus pour agir avec ensemble ; les moyens défensifs lui faisaient défaut ; l'organisation était incomplète.

L'échauffourée du village de Trancrainville fit voir l'impuissance de ces compagnies manquant de cohésion, vis-à-vis de troupes aguerries et disciplinées. Le 4 octobre 1870, à la nouvelle que les Prussiens établis depuis quelque temps à Toury et Janville se répandaient dans les villages environnants pour réquisitionner, piller, incendier, maltraiter les habitants, le guetteur Janvier Gaspard sonne le tocsin, heure de midi. Aussitôt les gardes nationaux se rassemblent sur la place, prennent à la hâte munitions et armes qu'ils trouvent sous la main, et képis en tête ou ruban rouge au bras, les voilà partis, qui en voiture, qui voyageant à pied, se demandant où est le point de ralliement. Arrivés à Ymonville, les gardes nationaux de Boisville se mêlent à ceux d'une douzaine de communes environnantes. Là, le commandant en chef, ancien gendarme résidant à Ouarville, ayant l'expérience de la guerre et ne se voyant pas en mesure d'attaquer, cherche à détourner ses hommes de tout mouvement agressif. Malgré ses exhortations, deux ou trois cents hommes, armés de fusils, quittent la foule mal contenue et volent à Trancrainville, où se trouvait, disait-on, un petit détachement de cavaliers prussiens de la division du prince Albert. Secondés par les gardes nationaux de Fresnay-l'Evêque et de Trancrainville, nos hommes se placent en embuscade dans le cimetière, dans les jardins et enclos du village, puis on fait feu. 60 hommes tant tués que blessés du côté de l'ennemi, et 4 gardes nationaux, dont 3 de Trancrainville et 1 de Boisville, le sieur Sauger, restent sur le carreau.

Irrité de cette résistance, l'ennemi met le feu dans le pays et 14 ménages sont la proie des flammes. Le soir, c'est un sauve-qui-peut, trois de nos hommes sont pris et emmenés prisonniers à Janville ; ce sont les nommés Pommereau, Fourré et Foucault. Grâce au manque de renseignements de l'ennemi, ces résultats auraient pu être bien plus funestes pour nous. Croyant avoir affaire à de la mobile, et craignant d'ailleurs un soulèvement en masse de la population, les Prussiens se retirèrent dans leur camp. Ce n'est que le lendemain, à l'approche d'un détachement français, lanciers et francs-tireurs, qu'ils quittent Toury et Janville, nous laissant nos trois prisonniers en liberté. — Notons ici que le sieur Berland, garde national, a, dans le moment de l'action, ramassé un sabre d'officier prussien, qu'il a rapporté chez lui comme trophée de ses exploits. — Quelques jours après cet événement, la garde nationale de Boisville assiste, drapeau et tambour en tête, à l'inhumation de l'infortuné Sauger, ramené de Trancrainville par sa famille. Un petit discours est prononcé sur sa tombe par le capitaine en second, Violette, tandis que nos trois prisonniers rendus la veille à leurs familles, tiennent le drap mortuaire tendu au-dessus de la fosse de leur malheureux compatriote.

Les espions ne manquaient pas à la Prusse, témoin cette arrestation faite par M. le Maire, sur la route de Honville, le dimanche qui suivit l'affaire de Trancrainville. Ce jour-là, vers les trois heures du soir, à quelques cents pas du village, une berline contenant trois voyageurs inconnus, était peu pressée dans son allure. Quelques questions sont adressées à ces étrangers, et sur leurs réponses évasives, M. le Maire les prie de revenir avec lui à Boisville. Nos trois individus sont introduits à la mairie. On les questionne de nouveau, et leurs papiers sont examinés. Considérés comme suspects, on s'empare de leur voiture et on les fait conduire à la Préfecture, sous l'escorte de quatre gardes nationaux de la commune.

Un fait d'un autre genre vient aussi emprunter le concours de la garde nationale. Le 7 octobre, 4 à 500 francs-tireurs de la Seine, venus de Janville, s'avancent vers Auneau jusqu'à Ablis, à la rencontre des Prussiens. Là, à la faveur de la nuit, sans combat, ils font une capture de 69 prisonniers et de 90 chevaux qu'ils amènent le lendemain matin au village de Denonville. Puis, craignant d'être poursuivis par l'ennemi, dans la journée du 8, ils demandent du secours aux communes environnantes. Boisville fournit quelques gardes nationaux de bonne volonté, et le soir, francs-tireurs et gardes-nationaux passent dans cette dernière commune, conduisant leurs prisonniers à Voves. Tout le monde est aux portes, l'enthousiasme est à son comble. On croit déjà tenir tous les Prussiens qui sont en France. Malheureusement les victoires n'étaient pas de notre côté. Le nombre des prisonniers prussiens qui ont garni notre pays pendant la guerre, est bien minime en comparaison de celui des prisonniers français envoyés en Prusse à la suite de nos désastres. Le pillage et l'incendie du village d'Ablis qui eurent lieu le jour même de cette prise, n'étaient pas faits pour rassurer les populations. Si dans le moment il fut permis de goûter un peu de joie à la vue de ce petit succès, combien depuis n'avons-nous pas eu de déboires et d'affronts à supporter, en voyant nos cités et nos villages s'ensevelir de jour en jour sous des monceaux de ruines!.....

III.

L'INVASION.

Le 27 octobre, à onze heures du matin, 25 uhlans font leur apparition sur la place publique du village. La lance au poing et le pistolet chargé, ils somment l'adjoint, M. Haudry, qu'ils ont été requérir à sa demeure, d'avoir à leur fournir force sacs d'avoine sous peine de pillage. 40 sacs sont accordés avec de la nourriture pour les hommes. A trois heures de l'après-midi, nos pourvoyeurs bien gorgés et bien repus se disposent à partir, faisant défiler devant eux voitures et conducteurs jusqu'à Sours. Les habitants de Demainville, curieux de voir les Prussiens, se font capturer aussi 10 sacs d'avoine au passage. Dans cette réquisition comme dans tant d'autres, l'ennemi garde les attelages et les conducteurs le temps qu'il lui convient, et si les hommes s'esquivent, les voitures et les chevaux sont perdus sans ressource. C'est ainsi qu'il s'est trouvé égaré 16 chevaux et pour une valeur de 1,680 fr. de voitures dont la commune est restée responsable.

Du 11 au 13 novembre, 360 hussards rouges de la réserve, régiment de Brandebourg, viennent prendre logement dans Boisville et Chevannes. Ils se font placer ou se placent eux-mêmes chez les habitants. Hommes et chevaux, tous sont fort bien soignés, à nos dépens, bien entendu. Le vin, la viande, le pain, le sucre, le café, le beurre, on se fait tout apporter. Le foin, l'avoine, la paille pour les chevaux, sont réquisitionnés en abondance. N'étant sous le coup d'aucun danger, ni d'aucune pression, ces soldats n'ont violenté personne. Le deuxième jour, ces cavaliers sont allés en reconnaissance du côté d'Ymonville; ne voyant rien à faire, ils sont revenus dès le soir reprendre leurs logements pour la nuit. Le lendemain matin, jour de dimanche, la trompette sonne, on évacue. Mais le pays n'est pas purgé pour longtemps. Ce n'est que le prélude de jours plus néfastes.

Le 13 novembre, ce même dimanche, à trois heures du soir, l'alarme est dans le pays. Des cavaliers parcourent les rues en tous sens et au grand galop, s'arrêtant de temps en temps pour marquer les portes où la troupe doit entrer et loger. On n'avertit ni maire ni adjoint. — Aussitôt une avalanche de Bavarois, de l'armée de von der Tann, débouche de la rue du Bout-Neuf et fait halte autour de la mare, sur la place de l'Église et dans la Grande-Rue. Puis, sur le commandement d'un officier supérieur, ils se répandent comme une nuée de sauterelles dans les habitations. — Boisville, Létourville, Chevannes, Demainville regorgent de soldats exténués de fatigue et mourant de faim. — Ils sont environ 6,000, infanterie et artillerie, chassés de leurs positions vers Orléans, à la suite de la bataille de Coulmiers. Avec un peu plus de vigueur, l'armée française aurait pu poursuivre et atteindre ces malheureux dans nos parages, et convertir leur retraite en une véritable déroute. — Il n'en a pas été ainsi, et nous restons trois jours emprisonnés dans nos demeures, forcés de tout laisser à la discrétion d'un ennemi qui a droit de vie et de mort à la moindre résistance. Si alors nous pénétrions dans l'intérieur d'un ménage envahi, qu'y voyions-nous ? — Hélas ! quelque chose d'effrayant ! Par terre, sur la paille, des soldats couchés pêle-mêle, des sabres et des fusils dans tous les sens, de la volaille et des débris d'animaux tués et encore tout saignants, un feu à abattre cheminée, où le soldat fait bouillir sa soupe ou cuire sa viande, faisant entendre un jargon inintelligible et assourdissant ; le père et la mère au visage défait, pâle comme la mort, ne sachant que dire ou quoi faire, les enfants tapis dans un coin, ne faisant que pleurer, demandant du pain qu'on ne peut leur trouver, car depuis longtemps le dernier morceau a passé sous la dent du prussien qui dévore tout. Il ne reste plus que quelques pommes de terre, et encore faut-il la permission de les faire cuire pour pouvoir les manger. Les fours mêmes ne sont plus à la disposition du public, mais bien entre les mains des soldats bavarois qui volent la farine et pillent les boulangers. Il ne reste plus aux habitants qu'à venir implorer la pitié du général ou du colonel pour obtenir de quoi calmer la faim que les privations continuelles aggravent de plus en plus. Si par malheur une cachette est découverte par le flair de l'Allemand, que ce soit aliments ou vêtures, tout est enlevé ou pillé. — Tout travail est suspendu dans la commune ; la culture des champs, l'atelier, le magasin, la boutique de l'ouvrier, tout est délaissé ; la torpeur et la crainte paralysent les bras du laboureur et de l'artisan. Et d'ailleurs, ne faut-il pas être présent derrière ses hôtes incommodes pour satisfaire autant qu'on le peut, leurs appétits gloutons, car, ils ne font pas de grâce, ces messieurs ; sans cesse, ils ont les mots de pillage, de mort et d'incendie à la bouche. — Les habitants ayant pu conserver leur sang-froid, et la discipline ayant toujours régné dans la troupe, nous n'avons pas eu d'accidents graves à déplorer pendant ces tristes journées d'occupation. — Au départ, le 15 au matin, et pendant le défilé de 15 à 20 mille hommes qui ont passé dans les rues de Boisville, chevaux, voitures et conducteurs sont requis, sabre au poing, pour le transport des vivres à Gallardon et Ymeray, où cette armée doit camper. Tous les hommes se cachent, malheur à celui qui se trouve dans la rue ou sur le seuil de sa porte, il en est violemment arraché et placé malgré lui sur une voiture ou un caisson d'artillerie.

Le 16, même mois. — A peine est-on débarrassé de ces hordes de pillards, que 600 lanciers d'arrière-garde viennent de nouveau occuper le village. Moins nombreux que les précédents et ne se voyant pas poursuivis, ils pèsent moins sur la population. D'ailleurs, le pays ayant été épuisé par les troupes précédentes, il n'est pas facile de trouver de quoi les nourrir. Cependant, toujours même système à exécution. Le feu, la table, les objets de ménage, tout doit être à leur disposition. Pas de refus, si l'on veut éviter leurs brutalités. Telle est la loi du vainqueur : « *C'est l'abus de la force.* »

Le lendemain au matin, par un temps neigeux, nos ennemis nous quittent. Les visages se dérident, un peu de gaîté vient au cœur, on peut reprendre haleine ; mais hélas, ce n'est pas pour longtemps !

Dans les premiers jours de décembre une nouvelle navrante nous arrive. La terrible bataille de Loigny, vains efforts de notre jeune armée de la Loire, est perdue. — Un grand nombre de nos malheureux soldats gisent çà et là dans des granges et des greniers au lieu du combat, blessés et mourants, par un froid excessif, n'ayant même pas un peu de paille pour supporter leur corps meurtri et ensanglanté. Que faire pour panser toutes ces blessures ! ! ! Les ambulances n'y suffisent plus..... Un appel est fait à la commisération des habitants des communes environnantes. — A Boisville, dix généreux chefs de ménage ont reçu treize de ces infortunés, et leur ont fait donner, avec un louable empressement, tous les soins et médicaments nécessaires. Un a succombé à ses souffrances, le nommé Casseneuve, originaire de la Haute-Garonne. C'est encore vers cette époque que des prisonniers français, échappés aux tortures de leurs bourreaux, sont recueillis à Boisville. Parmi eux s'est trouvé le nommé Marie, natif de Saint-Lô, tombé malade chez M. Nadler qui lui avait donné l'hospitalité. Malgré les soins qui lui ont été prodigués, ce brave jeune homme est mort au milieu de cruelles souffrances... Ces deux militaires reposent dans le cimetière de la commune, et le conseil municipal, dans un but pieux et patriotique, leur a fait élever deux petites croix.

Les 24 et 25 décembre, après les combats de Fréteval et de Marchenoir, un millier de troupes, provenant de régiments désorganisés, se rabat encore dans notre pays, et vient l'occuper pendant les fêtes de Noël par un froid très-rigoureux. — Ils emploient une grande quantité de bois pour se chauffer, mais ils demandent peu de nourriture, leurs chariots sont approvisionnés. Cependant, toujours dans la crainte de jeuner, MM. les Prussiens ne se gênent pas pour capturer 77 moutons chez M. Fichot-Gommier, faute de ne pouvoir emmener tout le troupeau qu'ils avaient déjà fait sortir de la bergerie. Ces hommes sont les derniers qu'on ait eu à loger pendant la guerre. Ils n'ont laissé d'autre embarras que celui de nettoyer les pièces qu'ils ont habitées, ce qui n'est pas petite besogne en raison de la saleté que ces sortes de gens ont l'habitude d'accumuler partout où ils séjournent. — Dans la journée du 25 on apprête ses bagages et on part sur la route de Honville. C'est ce même jour que des troupes de passage ont fait halte dans ce dernier hameau pour prendre repas et faire manger les chevaux. — Les habitants en ont été quittes pour le pillage de 7 vaches, d'une ou deux pièces de vin et un peu d'épicerie. C'est du reste tout ce que ce village a eu à supporter de pénible pendant l'invasion. — Ce n'est qu'après le traité de paix que Honville a eu de la troupe à loger, mais alors la situation n'était plus comparable.

A la nouvelle de l'armistice, et surtout après la conclusion du traité de paix, nous pensions bien être pour toujours débarrassés de l'armée prussienne. Mais non, il fallait compter avec le retour de ces troupes avancées en sentinelles dans les départements voisins pour reprendre les hostilités à l'expiration de l'armistice, si l'on ne tombait d'accord. — Janvier, février, se passent dans le calme le plus parfait. Les élections pour former la chambre des représentants et constituer un gouvernement, se font avec une régularité parfaite. Chacun s'occupe d'énumérer ses pertes et projette de les réparer au plus tôt, on compte sur le maintien de l'ordre et le respect de la loi... Encore quelques jours à souffrir cependant, et les casques à chenille ou à pointe vont bientôt faire leur dernière apparition.

Les 14, 15, 16, 17 et 18 mars 1871, la chambre ayant définitivement ratifié les préliminaires du traité de paix, nous voyons de nouveau défiler dans nos rues les régiments d'infanterie et de cavalerie. Après avoir séjourné un jour ou deux, les uns partent et les autres reviennent ; c'est un va-et-vient continuel pendant cinq jours. Il y a cependant du changement dans la manière dont se présentent aujourd'hui les soldats de sa Majesté Guillaume. — On ne marque plus les portes pour entrer avec cette autorité brutale que nous connaissons. Des billets de logements émanant de la mairie, indiquent le logement des militaires qui sont dispersés dans chaque localité. — Pour la nourriture des hommes et des chevaux, les officiers délivrent des bons, et la mairie requiert elle-même ce qui est nécessaire. Quant aux dépenses de nourriture supportées par les habitants eux-mêmes, il leur en sera tenu compte. Le montant des notes recueillies sera, dit-on, remboursé intégralement. — Quoi qu'il en soit, il faut encore bon gré mal gré céder à ces terribles hôtes la première place au foyer et à la table, et vivre se coudoyant avec l'allemand qui rit de l'ennui qu'il donne et des charges qu'il impose.

Tristes conséquences pour un peuple vaincu !!!

IV.

LES PERTES.

Au lendemain de nos désastres, l'Assemblée nationale voulant se rendre compte des dommages occasionnés par les Prussiens dans tous les départements envahis, demanda aux communes le relevé sommaire de leurs pertes.

Encore sous l'impression des tristes événements qui venaient de s'accomplir, beaucoup de gens ont exagéré leurs déclarations.

C'est ainsi qu'à Boisville notre premier travail présente une évaluation générale pour réquisitions, impôts et pillage se montant à . . . 83,030 fr. 91 c.

Sévèrement contrôlés et réduits, les comptes divers pour charges communales et pillage des particuliers ont été définitivement arrêtés ainsi qu'il suit :

1° Réquisition à la Mairie . . . . 7,727 fr. 02 c.

2° Pillage des particuliers . . . . 33,628 »

3° Impôts divers payés à l'ennemi . . . 8,169 98

Total. . . . . 49,525 »

Sur cette somme il a été remboursé aux habitants de la commune :

A reporter. . . . 49,525 »

Report. . . . 49,525 fr. » c.

° Pour les réquisitions de la
  Mairie. . . . .   7,727 fr. 02

2° Pour les impôts payés aux
  Prussiens   8,169   98

3° Pour secours, indemnité
  de pillage   9,254   12

Total.   25,151   12   25,151   12

Reste non indemnisé jusqu'à ce jour . .   24,373   88

Chaque année, la commune pourra, comme elle l'a déjà fait pour 1873, voter une somme à répartir sur chaque perdant, jusqu'à extinction du montant des dommages. De cette manière nous arriverons en peu de temps à effacer complétement la trace de nos ruines, sans que de trop lourds impôts ne viennent peser sur la totalité des contribuables.

V.

LES VICTIMES DE LA DÉFENSE DU PAYS
Devant l'ennemi.

Parmi les jeunes gens de l'armée et les hommes qui ont défendu leurs foyers pendant la guerre nous avons deux victimes à déplorer :

1° Le nommé Sauger-Colas de Honville, garde national, tué au combat de Trancrainville, le 4 octobre 1870.

2° M. Fichot (Vincent-Henri) de Boisville, sergent de mobile, blessé gravement d'un coup de feu à la jambe au combat de Connerré en janvier 1871.

En récompense de ces services, le Gouvernement a accordé une pension à la veuve Sauger-Colas et la médaille militaire à M. Fichot. Ce dernier est aussi proposé pour la pension militaire.

Boisville-la-Saint-Père, le 1er juin 1872.

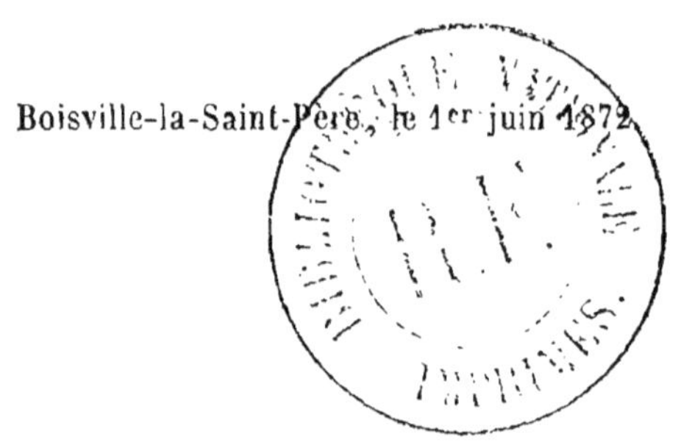

BIBLIOTHEQUE NATIONALE DE FRANCE
3 7531 04272823 9